Mon chien se prend pour un être humain

50 trucs pour vivre avec un animal heureux et bien portant

Mon chien se prend pour un être humain

50 trucs pour vivre avec un animal heureux et bien portant

Peter Wedderburn

Illustrations Per José Karlén

MARABOUT

Publié pour la première fois en Grande-Bretagne en 2009
sous le titre *My dog thinks is a human* par Spruce,
un département du groupe Octopus Publishing Group Ltd.
2-4 Heron Quays, London E14 4JP

Traduction : Laurence Rico

Mise en pages : Gérard Lamarche

Les conseils donnés dans ce livre ne sauraient remplacer l'avis d'un vétérinaire. En cas de doute concernant l'état de santé de votre animal, consultez immédiatement votre chirurgien vétérinaire. Bien que le contenu s'avère correct au moment où nous publions ce livre, en aucun cas l'auteur ou l'éditeur ne sauraient en garantir l'exactitude. Dans le cas où le contenu comporterait des erreurs ou des oublis, l'éditeur et l'auteur déclinent toute responsabilité.

Dépôt légal : février 2010

Imprimé en Chine

ISBN : 978-2-501-06349-4

40.3635.6/01

CONTENU

Introduction

Les chiens partagent nos foyers et nos vies d'une manière plus proche que tout autre animal de compagnie. Le chien fait partie de la famille, on le voit sur les photos, on raconte des anecdotes à son sujet comme s'il s'agissait d'un des enfants. D'ailleurs, les hommes traitent leurs chiens comme s'ils étaient des petits êtres humains. Ce n'est donc pas étonnant s'ils sont perturbés et agissent comme des hommes. Mais les chiens ne sont que des chiens et, pour être heureux, ils doivent être traités en tant que tels.

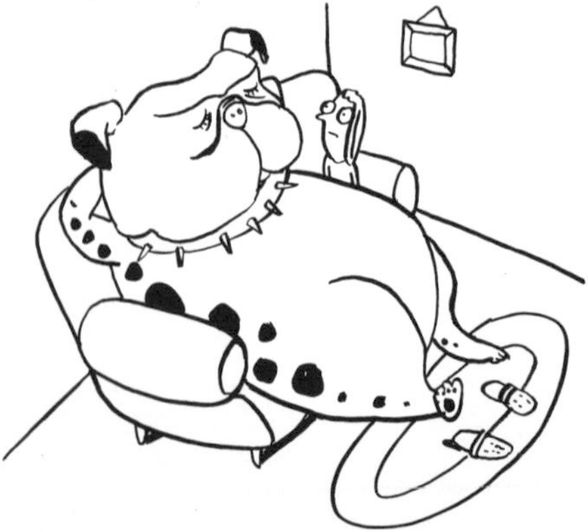

Cela ne veut pas dire que vous devez devenir un stakhanoviste de la discipline à tout moment ou que vous devez murmurer des mots doux à l'oreille de votre toutou. Mais vous devez devenir le maître et accepter que, parfois, la manière que vous avez de traiter votre chien n'est pas la plus adaptée à un comportement canin. Il y a un temps pour gâter votre animal et un temps pour vous faire respecter. Chaque chien est unique et même s'il n'existe pas de règle universelle, on peut appliquer quelques grands principes de base adaptés à tous les maîtres et à tous les chiens. C'est le propos de cet ouvrage. Il comprend 50 suggestions pour s'occuper de son chien au mieux grâce à des conseils de soins et de dressage.

Vivre ensemble devrait être un plaisir, pour l'homme et pour le chien. Le but de ce livre est de vous aider tous les deux à apprécier pleinement votre relation.

CHAPITRE 1

Le dîner de toutou

Comment puis-je être sûr que son menu est équilibré ?

Ses options :

1. de la nourriture en boîte pour chien avec des biscuits pour chien
2. de la nourriture sèche ou des croquettes complètes
3. des plats faits maison

Votre vétérinaire vous dira ce qu'il pense être le plus adapté à votre animal, et votre toutou vous fera comprendre ce qu'il préfère ! Si vous lui proposez ce qui est bon pour lui et qu'il le mange, alors il sera heureux et en pleine forme. S'il décide de ne pas y toucher, changez légèrement les ingrédients mais gardez à l'esprit la liste de « ce qui est bon pour lui » et vous obtiendrez rapidement le bon équilibre. Il peut s'agir d'un mélange de nourriture en boîte avec des biscuits ou des croquettes complètes spécialement conçues pour les chiens, mais surtout n'oubliez pas son bol d'eau à côté de sa gamelle. Ne le bourrez pas de gâteaux, de choucroute et autres plats en sauce et souvenez-vous que votre toutou, comme vous, a des papilles qui l'aident à faire la différence. Vous pouvez bien le gâter de temps en temps.

L'occasionnel morceau de saumon en papillote et sa jardinière de légumes ou la tranche de rosbif en sauce seront toujours appréciés à leur juste valeur.

Festin de roi ou repas frugal ?

La nourriture industrielle pour chien est aussi variée en qualité qu'en prix. Vous pouvez croire la parole des nutritionnistes ou vous pouvez faire votre propre petite expérience à la maison. Donnez-lui des croquettes de très grande qualité pendant deux mois et vous pourrez vous-même juger de la différence.

Les chiens nourris avec de la bonne nourriture ont les yeux plus brillants et la queue plus touffue, alors que les chiens nourris avec une nourriture moins chère (à base essentiellement d'agents indigestes qui gonflent le ventre) n'ont pas l'air en aussi bonne santé, mais surtout il faut ramasser leurs crottes plus souvent !

Pour ses repas, attention aux indications en tout petit sur le paquet.

Votre chien est ce qu'il mange ! S'il est hyperactif et incontrôlable, vérifiez sa gamelle. Évitez les aliments auxquels on a ajouté une liste incroyable d'additifs et de dérivatifs et choisissez plutôt une marque avec des ingrédients que vous reconnaissez. Vous ne donneriez pas à un enfant un paquet de bonbons contenant de la tartrazine alors qu'il est prouvé que cette substance provoque de l'hyperactivité chez les enfants. Votre toutou est aussi sensible qu'un chérubin !

Bonbons délicieux ou truffes toxiques ?

Les stimulants présents dans le chocolat peuvent gravement empoisonner votre chien, voire lui être fatal car ils emballent son rythme cardiaque. La dose toxique dépend du poids du chien, c'est pourquoi les plus petits gabarits sont plus vulnérables. Alors que le chocolat noir est meilleur pour nous, pour les chiens il est trois fois plus toxique que le chocolat au lait. Un petit carré de 25 g pourrait suffire à tuer un yorkshire de 3 kg. Gardez tous vos chocolats hors de portée du chien – la plupart des accidents mortels se produisent quand les chiens avalent des boîtes entières de chocolat, laissées malencontreusement à leur portée.

Vous vous sentirez peut-être coupable face à ces grands yeux larmoyants de désir chocolaté, mais vous êtes peut-être en train de sauver la vie de votre cher Toutou en disant « Non ! ». Trouvez-lui une autre gâterie inoffensive. De petits morceaux de saucisse grillée ou des bâtons de viandes séchées peuvent vous sembler peu ragoûtants mais votre chien les adorera.

Un gros nonosse peut-il le blesser ?

Oui. Les morceaux pointus d'un os cru peuvent se loger dans son tube digestif et provoquer une obstruction qui nécessitera une intervention chirurgicale complexe. De plus, les petits fragments d'os peuvent s'accumuler, se solidifier dans son colon et former une sorte de brique très difficile à extraire. Il est plus sûr de lui donner des bâtonnets industriels à mâcher ou un jouet à mâcher farci de nourriture pour chien. Si vous voulez vraiment lui donner des os, achetez des bâtons en nerfs de bœuf précuits ou des os en cartilage que vous trouverez dans les animaleries. Ils ont peu de risque de se fendiller ou de provoquer des infections bactériennes, qu'un os cru pourrait facilement transmettre.

S'il mange de l'herbe, est-il végétarien ?

Les chiens sont omnivores, ce qui veut dire qu'ils apprécient tout autant la viande que les légumes dans leur régime alimentaire. Et la plupart apprécient de brouter de l'herbe occasionnellement, ils ramassent de longs brins qu'ils mâchouillent avec bonheur. Personne ne sait vraiment pourquoi les chiens font ça. Est-ce peut-être pour ajouter des compléments nutritionnels manquant à leur ration quotidienne ? Certains chiens vomissent après avoir mangé de l'herbe, ce qui suggère qu'ils sont capables de régurgiter volontairement s'ils se sentent un peu nauséeux. Il n'y a probablement pas de réponse exacte et chaque chien peut mâchouiller de l'herbe pour des raisons bien différentes. Il n'y a rien d'inquiétant tant que l'herbe n'est pas contaminée par des pesticides et que sa dégustation ne provoque pas d'autres problèmes physiques.

Mon chien a des gaz ! Que puis-je faire ?

Personne n'apprécie la compagnie d'un chien flatulent. Si votre toutou a des problèmes gastriques, vérifiez sa consommation de protéines. Offrez-lui une alimentation conçue spécifiquement pour être « hautement digeste », un régime à base de croquettes que vous trouverez chez votre vétérinaire ou dans une animalerie. Donnez-lui des plus petites rations, plus régulièrement. À la place, vous pouvez trouver une autre source de protéines telle que le canard, le poisson, le chevreuil vendus par les vétérinaires dans le cadre de régimes à base d'une seule protéine. Si ces changements ne purifient pas l'air ambiant, allez voir votre véto ou acheter des masques à gaz.

Mon véto trouve qu'il est gros, moi je le trouve mignon. Qui a raison ?

Si votre vétérinaire estime que votre chien est trop gros, c'est qu'il l'est vraiment ! Vous aurez beau essayer de vous convaincre qu'il est « bien enveloppé », à 5 ans, ce n'est plus du gras de bébé ! La solution, si vous aimez votre chien, c'est de mettre Bouboule au régime et d'arrêter les tentations. Finies les friandises inutiles ! Les régimes « basses calories » les plus efficaces sont délivrés sur ordonnance. Les vétérinaires les prescrivent à des patients qui en ont vraiment besoin. Certains vétérinaires ont des consultations « anti-obésité ». Vous pouvez faire peser votre chien gratuitement et suivre les progrès de votre toutou jusqu'à la victoire finale contre le gras.

Il aboie pour réclamer une tasse de thé. Puis-je lui en donner un peu ?

Non ! La caféine dans le thé et le café peut intoxiquer votre chien. Une tasse de thé d'environ 280 ml contient environ 60 mg de caféine, une tasse de café instantané en contient jusqu'à 100 mg et un vrai café au moins 175 mg. Un petit café au lait peut n'avoir aucun effet sur un gros labrador, mais la moitié d'une tasse de thé pourrait provoquer de sérieux dommages à un caniche nain. Il peut aboyer tant qu'il veut pour avoir un petit noir mais, si vous l'ignorez, il comprendra vite le message.

CHAPITRE 2

Comment transformer un cabot miteux en un toutou toiletté

Comment éviter que ses copains ne partagent leurs puces avec lui ?

Ce qu'il faut savoir, c'est que les puces sautent d'un chien à l'autre en toute impunité ; elles, elles n'ont pas de maître. Que votre épagneul soit d'extraction royale ou qu'il soit un petit bâtard, vous devriez utiliser une pipette antipuce tous les mois, le produit s'appliquant entre les omoplates. Le produit antipuce est constamment présent dans la peau ou le sang, ainsi si une puce atterrit sur votre toutou, elle ne survivra pas longtemps. Demandez conseil à votre vétérinaire pour choisir les meilleurs produits et leur utilisation. Si votre chien a vraiment des puces, vous devrez également le traiter contre le ténia que le chien ingurgite quand il avale les puces qu'il a mâchouillées en se mordant le poil. Et souvenez-vous que les riches se grattent aussi !

Ne laissez pas votre chien transformer le brossage en un jeu !

D'un point de vue canin, il est facile de confondre le brossage avec un jeu. Vous vous approchez de lui avec, à la main, une brosse qu'il prend pour un jouet (il ne sait pas que c'est une brosse). Vous la secouez dans tous les sens et, quand il essaie de l'attraper, vous la secouez davantage. Pour lui, ça ressemble à ce que vous faites quand vous êtes au parc. Vous devez associer des règles de base de dressage au brossage. Apprenez-lui à s'asseoir et à ne pas bouger sur commande, et récompensez-le à chaque fois (avec des félicitations et des friandises) s'il arrive à rester assis. Quand il réussit à faire cela, sortez la brosse et brossez-le un peu en continuant à le gratifier s'il se comporte bien. Brossez-le un peu tous les jours et en peu de temps Monsieur Cradouille se transformera en Monsieur Propre.

Comment éviter l'inondation à chaque fois qu'il sort du bain ?

Le meilleur moyen de ne pas innonder votre domicile est de prévoir une journée consacrée au bain.

Voici différentes possibilités :

1. S'il fait beau, lavez-le dehors où il peut se sécher en courant à l'air libre.
2. Restez dans une seule pièce dans laquelle vous aurez disposé des journaux sur le sol.
3. Mettez une très grande serviette ultra-absorbante dans son panier. Séchez-le au mieux avec la serviette, ensuite attirez-le vers son panier à l'aide d'un jouet.
4. Laissez tomber. Faites appel à un professionnel.

Mon chien perd ses poils. Va-t-il devenir chauve ?

Vous pouvez aller ranger votre shampoing anti chute de cheveux car il est normal pour les chiens de perdre leurs poils en petite quantité tout au long de l'année. Une ou deux fois par an, les chiens muent fortement. Au printemps, l'épais manteau d'hiver est remplacé par une petite veste de poils plus légère ; ce processus se reproduit à l'inverse à l'automne. En dépit de cette perte de poils normale, il est quasi impossible que votre chien devienne chauve.

Un brossage régulier vous évitera de retrouver de grosses touffes de poils sur vos tapis et vos meubles. Sinon, pour enlever les poils, vous pouvez sortir votre chien dans des sous-bois profonds et lui donner un bain en rentrant. Frictionnez-le bien. Et si votre toutou est vraiment cool, essayez de le brosser avec votre aspirateur.

Pourquoi refuse-t-il de porter son adorable petit manteau ?

Et vous l'en blâmez ? Les chiens ne portent des manteaux que parce que leurs maîtres les y obligent. Forcer un chien à porter des vêtements alors qu'il ne le veut pas équivaut à une véritable torture.
Cela dit, il existe plusieurs cas où faire porter un vêtement à un chien est utile : par exemple, si un chien à poils longs vient d'être tondu, il peut prendre froid et il appréciera de sortir couvert. Les chiens à poils fins ou les très petits gabarits aimeront aussi être protégés de la pluie ; un chien allergique à l'herbe affectionnera une surface protectrice et on pourra croire qu'un chien, qui, pour des raisons médicales, a perdu de larges touffes de poils, est maltraité par son maître. Aussi un léger camouflage vous évitera des commentaires gênants dans la rue. Sinon, respectez ce que la nature a fait, et si quelqu'un est obligé de porter un mini kilt et des bottes à pompons, il vaut mieux que cela soit vous !

Il se ronge les ongles ! Pourquoi ne me laisse-t-il pas les lui couper ?

La chose que je connais et qui ressemble le plus au requin des *Dents de la mer*, c'est un yorkshire-terrier qui n'appréciait pas du tout qu'on lui coupe les ongles ! Les chiens sont des chochottes et une simple allusion à leurs ongles peut les faire complètement disjoncter : ils se mettent à hurler et à grogner. Et ils ont bien raison : si vous coupez trop court, vous risquez d'endommager l'ongle, de lui faire mal, voire de le faire saigner.

Allez-y petit à petit quand ce n'est encore qu'un chiot et progressez au fur et à mesure, commencez par le bloquer tout en le récompensant s'il reste sage et calme. La fois suivante, prenez une patte et examinez-la. Ensuite, regardez chaque patte en détail. S'il vous laisse faire sans broncher, continuez en coupant la partie pointue de l'ongle. N'oubliez pas de le récompenser et de le féliciter à chaque fois.

Coupez deux autres ongles le lendemain, et ainsi de suite. Si vous manquez de confiance en vous, votre chien le sentira forcément et n'oubliez pas : il a des crocs !

Des poils blancs dans sa fourrure dorée. Peut-on les teindre ?

Et nous y revoilà ! Les hommes ne peuvent-ils donc pas laisser les chiens vieillir tranquillement sans que leur vanité s'en mêle ? Bon sang, les chiens, eux aussi, prennent de l'âge et un pelage poivre et sel peut donner un air de distinction à votre chien. De plus, on devrait plutôt se demander comment prolonger la vie de notre toutou pour qu'il se sente bien plutôt que d'essayer de cacher ces signes de vieillesse. Beaucoup de vieux chiens commencent à souffrir de maux que l'on peut parfaitement traiter mais que leurs maîtres ne reconnaissent pas, tels que l'arthrite ou les maladies dentaires. Parlez-en à votre vétérinaire qui peut vous conseiller un régime adapté aux vieux chiens. Ceci lui permettra de rester en bonne forme physique et mentale, il aura meilleure mine en vieillissant et vous pourrez alors garder votre ColorBelle.

Ses dents jaunissent. Dois-je lui acheter une brosse à dents ?

Afin d'optimiser leur santé buccale, on devrait brosser les dents des chiens régulièrement, et ce dès le début. Voici sur quoi il faut s'interroger : voulez-vous vraiment aller jeter un œil dans la gueule de votre toutou ? La plupart des gens font des compromis : ils ne brossent pas les dents de leur chien qui finissent par avoir des petits soucis dentaires en vieillissant. Si la couche de tartre sur la dentition de votre chien devient importante, vous devrez demander à votre vétérinaire de nettoyer ses crocs sous anesthésie. Si vous décidez de lui brosser les dents pour qu'il ait un sourire de star hollywoodienne, demandez conseil auprès de votre vétérinaire à propos de la brosse et du dentifrice les plus adaptés. Un dentifrice au poulet rôti, ça vous tente ?

CHAPITRE 3

Crimes canins

Comment puis-je lui apprendre à ne pas mordre quand on joue ?

Les chiots apprennent à contrôler « leur mordant » entre l'âge de 2 à 12 semaines en jouant avec les autres chiots de la portée, mais puisqu'ils sont généralement adoptés vers l'âge de 8 semaines, c'est à leurs nouveaux maîtres de parfaire leur éducation en matière de morsures pour qu'ils ne fassent pas mal. Je ne suis pas en train de vous dire de mordre votre chien. Mais s'il vous mord, criez « aïe ! » suffisamment fort et ne faites plus attention à lui. S'il recommence, criez plus fort et quittez la pièce jusqu'à ce qu'il comprenne que mordre a des conséquences négatives. En grandissant, apprenez-lui, de la même manière, à ne pas choper les gens, même gentiment. Si vous arrivez à garder le contrôle, ce n'est pas un problème de jouer à la bagarre, mais si les choses dérapent, arrêtez et demandez-vous si vous êtes en train de lui inculquer un comportement adapté. Si ce n'est pas le cas, consultez un spécialiste du dressage canin.

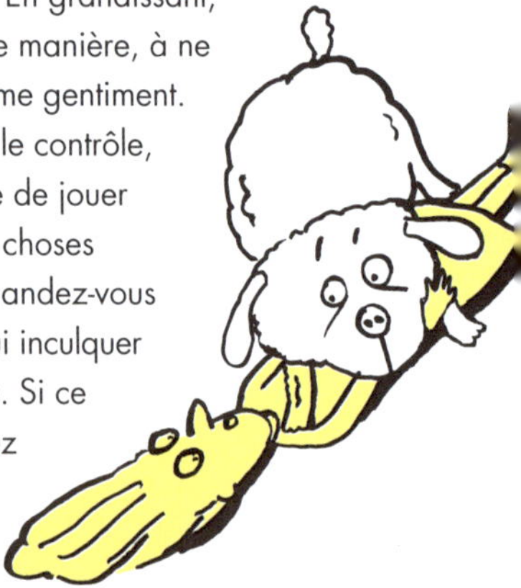

Comment réussir à calmer ses crises d'hystérie quand je rentre à la maison ?

C'est un problème courant mais facile à régler. C'est vous qui l'avez accidentellement dressé à le faire. Quand vous rentrez à la maison et qu'il vous fait la fête, vous lui répondez en le caressant avec entrain et en le félicitant de son comportement.

Pour le redresser, vous devez adopter une attitude contradictoire même si elle vous paraît foncièrement inadaptée, voire cruelle : ignorez-le complètement quand vous rentrez chez vous et faites comme s'il n'était pas là. Faites ce que vous avez à faire en l'occultant totalement. Comme il n'obtiendra pas de réponse de votre part, il finira par se calmer.

Quand il est calmé, vous pouvez l'appeler pour qu'il vienne près de vous et que vous le caressiez comme il ne l'a jamais été avant. Si vous respectez cette nouvelle procédure pendant quelques semaines, vous découvrirez que votre toutou hystérique est capable de se contrôler.

Pipi ou pas pipi ?

Aucun de nous n'apprécie de se lever le matin, pas encore tout à fait réveillé, pieds nus, et de commencer la journée en marchant dans quelque chose d'humide et puant. Cela peut vous surprendre, mais lui coller le nez dans son pipi ou lui hurler dessus ne sert pas à grand-chose. Il faut à peu près 14 semaines pour qu'un chiot soit propre. Avant cela, c'est à vous d'enclencher votre radar pour détecter les signes avant-coureurs qui indiquent qu'il doit faire ses besoins. Au réveil, peu après les repas, quand il s'agite ou qu'il agit bizarrement, quand il commence à tourner en rond, la tête baissée et la queue en l'air, sortez-le. Quand il arrive à faire correctement, félicitez-le et donnez-lui une friandise. Vous pourrez bientôt vous balader pieds nus à nouveau.

Quand il dort ailleurs que dans son panier...

Alors comme ça votre chien a pris possession de votre canapé ? Vous allez faire quoi maintenant ? Vous avez le choix entre jouer la poule mouillée qui se laisse déborder par son toutou ou reprendre les rênes et lui montrer qui est le chef. Rétablissez la situation et montrez-lui où est son panier. De son avis de chien, Médor pense sûrement que c'est à cause de vous s'il en est arrivé là. Vous avez fait quelque chose qui lui a donné l'autorisation de s'installer sur votre canapé. C'est maintenant à vous de briser cette mauvaise habitude et d'instaurer de nouvelles règles... et de vous y tenir. Rendez le canapé moins attrayant à ses yeux que son propre panier, mettez des friandises dans son panier, récompensez-le quand il y va et qu'il s'y installe. Vous pouvez peut-être aussi brancher un diffuseur qui dégagera des phéromones dans l'air à côté de lui. Bientôt, il se sentira à l'aise et à sa place : vous redeviendrez ainsi maître des lieux et de la situation.

Que puis-je faire pour que mon chien ne devienne pas névrosé ?

Tout d'abord, choisissez un chien génétiquement programmé pour être calme ! Si vous voulez un chiot, faites en sorte de rencontrer les deux parents pour vérifier qu'ils sont obéissants et détendus. Si c'est le cas, il y a de fortes chances pour que votre chiot leur ressemble. Si ce sont des bêtes baveuses, assoiffées de sang, l'œil torve d'assassins et le grognement idoine, évitez de prendre le chiot pour les mêmes raisons !

Ne prenez pas le chiot tremblant de peur blotti dans son coin même si ses grands yeux de chien battu vous attendrissent ! Après tout, vous êtes à la recherche d'un chien stable émotionnellement, joyeux et heureux. Tout signe contraire devrait vous faire réfléchir, à moins d'être un excellent dresseur de chien ou un psychiatre canin.

Et vous, êtes-vous aussi équilibré que le chien que vous recherchez ? Ou, au contraire, êtes-vous trop anxieux, trop sensible ou trop obsessionnel ? Grâce à un entraînement régulier axé sur l'obéissance, la socialisation et la promenade, voire, si nécessaire, l'aide d'un bon dresseur de chiens, les propriétaires et leurs toutous s'adaptent et apprennent à bien se comporter ensemble.

Dois-je donner à manger à mon chien quand je suis à table ?

À l'heure des repas, il est bon de se rappeler qui est le maître à bord ! Donner ce que vous mangez à votre chien et bientôt il réclamera une chaise pour s'asseoir à table avec vous… il en sera fini aussi de vos barres de céréales au petit déjeuner ! Votre chien est prêt à avaler tout ce qui lui sera proposé, c'est donc à vous de lui offrir le régime équilibré dont il a besoin pour rester en forme : sinon, la seule personne responsable de son futur embonpoint ce sera VOUS ! Pesez-le régulièrement et usez de bon sens. Si votre chien dodu a déjà des tendances à saliver autour de la table, mettez-le dans une autre pièce à l'heure des repas.

Trouve-t-on vraiment des chaises hautes pour chien ?

Il est possible d'acheter une chaise haute spécialement conçue pour chien, agrémentée d'un crochet pour la laisse afin que votre toutou ne tombe pas malencontreusement sur votre magnifique plan de table. Mais il est probablement plus malin d'accepter que votre chien ne soit qu'un chien et que les chiens heureux doivent apprendre à rester assis gentiment quel que soit l'endroit où se déroule le dîner. Votre chien veut sûrement attirer votre attention bienveillante, mais il est vital de garder des limites claires qui séparent bien les espèces. Un chien assis à table a déjà franchement mis un pied dans le territoire des humains.

Pourquoi n'en fait-il qu'à sa tête plutôt que de m'obéir ?

Ce n'est pas la peine de discuter avec votre animal de compagnie comme avec un être humain. Les chiens ont besoin qu'on leur donne des ordres et ils ont besoin d'apprendre à les respecter. Une relation maître-chien réussie dépend de votre capacité à maîtriser la situation et les limites que vous serez capable d'enseigner à votre toutou. Si un chien commence à faire des petites bêtises sans grande conséquence, vous pouvez être sûr qu'il en fera de plus grosses, de plus embêtantes, voire de plus dangereuses. Avant que vous vous en rendiez compte, il se mettra à grogner quand il n'obtiendra pas ce qu'il veut et il mordra peut-être les gens qui se mettront en travers de son chemin. Si vous ne vous sentez pas à même de reprendre la situation en main pour que Médor redevienne un chien heureux et sociable, faites appel à un professionnel. Sinon, habituez-vous à voir souvent ses crocs !

Pourquoi se frotte-t-il l'arrière-train sur le sol ?

Tout à coup, on dirait que votre chien a appris un nouveau tour. Il met son arrière-train sur le sol et se traîne comme s'il était sur une luge. Il se dit peut-être que ce nouveau jeu va attirer votre attention, même si, dans ce cas, vous êtes en colère contre lui. Le message est simple : faites en sorte de ne pas vous fâcher contre lui car cela ne fera qu'aggraver les choses.

Le frottement de l'arrière-train n'est pas du tout un jeu mais sûrement la conséquence d'une de ces trois choses. Premièrement, les glandes anales se bouchent et s'infectent : vous devrez alors consulter votre vétérinaire. Deuxièmement, certains vers provoquent des démangeaisons sous la queue, administrez une bonne dose de vermifuge à votre chien au moins une fois tous les trois mois. Et, finalement, la liste des maladies de peau qui peuvent démanger est très longue, c'est encore au vétérinaire de voir. Votre toutou n'est pas là pour vous distraire ou vous embêter… c'est seulement que ça le démange !

Comment puis-je le persuader qu'une simple poignée de main suffit ?

Si vous étiez un chien et que la sonnette retentissait, que de nouveaux visages et de nouvelles voix apparaissaient, que toute la maisonnée se mettait tout à coup en branle, je suppose que vous vous mettriez à aboyer et à sauter sur les visiteurs, vous aussi ! Ce dont vous avez besoin dans ces cas-là, c'est d'un peu de discipline. Si vous passez 15 minutes tous les jours à apprendre à votre toutou à se tenir sur ses quatre pattes, même quand il est très excité, alors vous pourrez changer ses mauvaises habitudes en quelques mois voire quelques semaines. La solution la plus rapide est de mettre votre chien à l'écart quand vous avez de la visite. Quand il est calmé, faites-le entrer. Il sera moins tenté de sauter dans tous les sens. Quand vous aurez réussi à lui apprendre à ne pas sauter sur des visiteurs, vous pourrez commencer à lui apprendre à leur serrer la main.

Pourquoi mon chien adore-t-il chasser des choses ?

Les chiens sont des chiens et cela signifie qu'ils adorent chasser. Laissez-les faire et ils se mettront à courir après tout ce qui bouge, que ce soit des chats ou des patineurs, des coureurs du dimanche ou des bus. Cela fait partie de leurs gènes comme regrouper des animaux du troupeau.

La chasse a ses propres récompenses si vous y pensez. Le chien aboie sur quelque chose, il la poursuit et cette chose disparaît... en gros il a gagné ! Le fait est que, de toute façon, cette chose qui ne faisait que passer n'est plus là. S'il s'agit d'un chat et que le chat se retourne et lui donne un coup de griffe sur la truffe, il arrêtera sûrement de chasser les chats. Si le cas des cyclistes ou des coureurs vous préoccupe, demandez-leur de venir à l'improviste et de le surprendre en lui aspergeant le museau avec un pistolet à eau ou en secouant une bouteille en plastique pleine de cailloux.

Cela lui donnera une leçon avant qu'il y ait un accident. Mais, en réalité, c'est à vous de prendre les choses en main dans ce genre de situation. Apprenez-lui à marcher au pas, de manière contrôlée, il doit rester tout le temps concentré sur vous, il ne doit pas être distrait même quand des vélos passent à toute vitesse. Récompensez-le avec une friandise ou félicitez-le quand il s'est bien comporté.

CHAPITRE 4

Promenade au parc

Qui promène qui, au juste ?

Essayez de bien intégrer ce qui va suivre. Votre chien est un chien, pas un petit humain ! Il a été éduqué depuis des générations de chiens à travailler au côté des hommes et il est le plus heureux des chiens s'il doit obéir. Si vous lui obéissez et bien, alors, à chaque fois que vous voudrez le promener, il se mettra à aboyer jusqu'à ce que vous cédiez… et ça c'est valable pour tout. Ces aboiements vont vous rendre dingue ! Il faut alors l'ignorer et ne jamais céder. C'est vous qui choisissez le moment et l'endroit. Vous « menez » la danse en matière de promenade. S'il est incontrôlable, utilisez un collier étrangleur ou un harnais pour le maîtriser. Inscrivez-vous à un cours de dressage de chiens qui vous apprendra, à tous les deux, à faire face à des situations telles que Assis… Au pied… Pas bouger…. Marcher au pas. À partir du moment où vous aurez tous les deux intégré ces tâches essentielles, vous devrez refaire ces exercices tous les jours en le testant, en lui rappelant ses exercices et en le félicitant s'il réussit à obéir à un ordre. Souvenez-vous : la vie, c'est comme une équipe de chiens de traîneau. Si vous ne devenez pas le meneur, les choses ne changeront jamais.

Il a souvent l'air triste. Comment puis-je l'amuser ?

Les chiens sont des créatures sociables et ils sont plus heureux s'ils sont entourés. Donc oui, plus vous passerez de temps avec votre chien, plus il sera heureux. Mais cela ne veut pas dire que quand vous n'êtes pas avec votre chien, il est malheureux. Après avoir joué ou s'être baladé longuement avec vous, il sera très content de se reposer seul et de se bichonner. Ne vous faites pas avoir par leurs expressions de chiens battus. L'expressivité du visage de certains chiens fait partie de leurs caractéristiques. Ainsi un basset ou un labrador aura toujours l'air triste même quand vous lui offrirez un plat entier de saucisses !

C'est un vrai fainéant ! Que puis-je faire ?

Les chiens sont rarement paresseux comme peuvent l'être les humains, mais si les exercices sont ennuyeux, il y a de grandes chances que les chiens, comme les hommes, refusent de les faire. Trouvez des astuces pour que les exercices physiques que vous proposez soient amusants. Vous pouvez ainsi lui offrir des friandises pendant que vous le promenez en laisse, vous pouvez varier les balades afin qu'il renifle de nouvelles odeurs qui l'intéresseront ou vous pouvez instaurer des parties de rattrapage de balles de tennis, ou encore vous intéresser particulièrement à lui quand vous sortez ensemble. Trouvez la récompense qui motive vraiment votre toutou, et intégrez-la dans votre batteries d'exercices pour l'encourager à être plus actif.

Pourquoi ne revient-il pas quand je l'appelle ?

Mettez-vous à la place de votre chien. Vous êtes en train de courir librement, vous vous amusez et quelqu'un vous appelle… vous y allez et on vous attache à une laisse et on vous empêche de vous amuser. Ça vous apprend quoi ? Probablement qu'il n'y a aucun intérêt à revenir quand on vous appellera la prochaine fois. Ayez toujours une récompense quand votre chien revient vers vous quand vous l'appelez, félicitez-le largement et faites attention à lui. Rappelez-le souvent dans des situations d'entraînement stimulantes, quand il y a d'autres chiens ou d'autres personnes dans les parages, par exemple. Ayez toujours des morceaux de nourriture pour le distraire ou le récompenser même quand il sait revenir à chaque fois pour qu'il puisse associer le retour à un résultat positif.

Comment lui apprendre que se rouler dans le purin est inacceptable ?

On ne supporte pas forcément les odeurs que d'autres adorent. On porte un parfum pour suggérer une chose et, à un autre moment, on mettra quelque chose de plus subtil pour communiquer une sensation différente. Il est possible que l'odeur de la bouse de vache, de pipi de renard ou d'un faisan mort transporte votre chien et qu'il n'ait qu'une envie, c'est de se rouler dedans pour l'avoir sur tout le corps.

Bien sûr, cette pratique peut remonter à des instincts ancestraux quand les chiens voulaient transmettre le message à la meute de la présence de certains animaux dans les parages ou alors contrefaire l'odeur de la proie qu'ils allaient chasser.

Quelle que soit la raison de se rouler dans la crotte, la meilleure tactique est de prévenir. Rappelez-le au pied ou attachez-le jusqu'à ce que vous ayez contourné le problème. Mais à partir d'aujourd'hui, allez-y mollo sur l'après-rasage ou le parfum. En sentant la bouse, votre chien veut peut-être sentir aussi mauvais que vous.

Où est le bouton « stop » ?

Votre énergie n'arrivera jamais à la cheville de celle de votre chien. Un bon promeneur de chien s'armera d'un accessoire adapté pour augmenter le nombre d'exercices proposés au chien sans pour autant se fatiguer lui-même. Un excellent exemple d'un tel accessoire est la balle de tennis raccordée à un élastique : vous lancez la balle au loin pour que votre chien aille la chercher et pendant ce temps-là, vous continuez à marcher. Variez les plaisirs grâce au grand choix qu'offrent les animaleries, tels qu'un gorille encordé ou un jouet flottant pour inciter votre chien à nager. Les frisbees pour chiens peuvent aussi être lancés très loin, ce qui permet à votre chien de se dépenser pendant que vous profitez tranquillement de votre balade.

Comment puis-je l'empêcher d'aboyer en voiture ?

Les chiens sont persuadés qu'ils devraient toujours vous accompagner quand vous prenez la voiture, juste au cas où il serait vital d'aboyer dans vos oreilles ! Vous avez sûrement créé cette situation en réagissant à son chant et, maintenant, il pense que vous l'appréciez. Certains chiens sont très excités à l'idée de monter en voiture, d'autres sont plus stressés. Ignorez les bruits qu'ils font et ne leur donnez aucune raison de penser que c'est appréciable.

Commencez par dresser votre chiot à monter en voiture dès le début. Si votre chien adulte est énervé en voiture, vous devez tout reprendre en main. Commencez en dehors du véhicule : entraînez-le à s'asseoir et à rester calme. Faites en sorte qu'il se concentre sur vous quand il est assis. Petit à petit, amenez-le vers la voiture, il faut toujours le récompenser s'il est sage et détendu. Installez-le dans la voiture et démarrez. Ce processus doit être fait très lentement, ne brûlez pas les étapes, il doit avoir réussi à rester calme à chaque fois.

CHAPITRE 5

Toutou se fait la malle

Devrais-je encourager mon chien à être plus indépendant ?

Les chiens aiment la compagnie, mais on doit les encourager à apprécier la solitude aussi. Si vous avez un chien qui vous suit tout le temps, qui est toujours à vos pieds, vous devez intervenir pour le bien du chien. Faites en sorte que, la nuit, son panier ne se trouve pas au pied de votre lit. Quand vous le sortez, prenez une laisse longue pour l'encourager à explorer le monde qui l'entoure et à s'éloigner un peu de vous. Ne soyez pas le seul à vous occuper du chien afin qu'il ne vous considère pas comme son *Unique maître*. Encouragez-le avec des récompenses quand il est un peu éloigné de vous en mettant des objets entre vous et lui (tels que des chaises ou des gros coussins). Créez-lui un environnement sûr et familier quand vous êtes absent. Laissez la radio allumée ou pensez à installer un diffuseur qui dégage des phéromones canines dans l'air ambiant près de son panier. Finalement, offrez-lui une récompense particulière quand vous partez, et bientôt vous verrez que c'est lui qui vous incitera à sortir davantage.

Mon jardin est infesté de tunnels comme dans *La Grande Évasion*

Une des choses les plus difficiles pour un maître, c'est d'arrêter son chien quand il fait quelque chose qu'il aime vraiment. Les chiens adorent creuser des trous. C'est instinctif et ça revient à perpétuer des actes ancestraux : faire des tanières, chercher de la nourriture ou fabriquer un endroit frais pour se protéger de la chaleur. Les chiens d'aujourd'hui creusent des trous tout simplement parce que ça les amuse. Essayez de lui montrer les endroits où il a le droit de creuser et ceux où c'est interdit. Utilisez un bac à sable ou une jardinière pleine de terre meuble dans lesquels vous pouvez enterrer des objets qu'il ira déterrer. Il apprendra ainsi à creuser sur commande et pas parce qu'il s'ennuie. Donnez-lui une récompense s'il se comporte correctement. Si vous le laissez seul dans le jardin, faites-lui faire quelque chose au lieu de le laisser creuser derrière votre dos.

Il adore le son de sa voix mais ça me rend dingue !

Quand les chiens s'ennuient ou qu'ils veulent attirer l'attention des êtres humains, ils aboient, et il n'y a pas de bouton pour contrôler le volume des aboiements. Pour éviter des querelles de voisinage, vous devez agir tout de suite. Faites en sorte que votre toutou se dépense comme il faut. Promenez-le deux fois par jour pendant au moins 30 minutes. Occupez son esprit quand il est tout seul dehors grâce à un os à ronger ou un jouet pour chien qui distribue de la nourriture. Faites attention à bien réduire les portions de nourriture que vous lui donnerez pendant ses repas afin qu'il ait assez d'appétit pour s'intéresser à ces récompenses alimentaires et ludiques. Si ça rate, essayez les colliers à la citronnelle : ils sont conçus pour asperger une odeur citronnée à chaque fois qu'il aboie. Faites très attention à bien suivre les instructions.

Comment puis-je l'empêcher de s'échapper du jardin ?

Il y a deux raisons à cela : les hormones et l'enfermement. Si une femelle est en chaleur, il est très probable qu'elle voudra s'échapper pour être en compagnie de ses prétendants, alors qu'un mâle va parcourir des kilomètres pour l'attendre au seuil de sa porte. La stérilisation et la castration sont les solutions évidentes à ces problèmes d'hormones.

Certains chiens, mâles ou femelles, s'échappent de chez eux simplement pour assouvir leurs désirs d'aventure. Si votre chien est un peu clochard, stimulez-le et faites-lui faire de l'exercice deux fois par jour pendant une demi-heure. Un chien qui s'ennuie sera prêt à faire toutes sortes de bêtises.

Comment faire en sorte qu'il s'amuse quand nous ne sommes pas là ?

Les chiens, aussi, aiment les vacances ! Si vous ne pouvez pas prendre les vôtres avec lui, et bien laissez-le profiter des siennes. Il existe des tas de chenils un peu partout où votre chien sera choyé, où il sera entouré d'autres chiens, où on le promènera, où on le fera jouer, il y aura plein d'autres activités qui ne vous coûteront pas un bras. Demandez conseil autour de vous et allez visiter les chenils pour vous faire une idée.

Soyez attentif à des standards hautement canins : l'endroit est-il accueillant et propre ? Les chiens que vous avez vus ont-ils l'air heureux et vifs ou bien sont-ils tristes et hirsutes ? Ensuite, la seule chose qui vous concerne est de savoir si votre toutou aura envie de reprendre ses vieilles habitudes ennuyeuses avec vous, alors qu'il se sera éclaté à la colo canine !

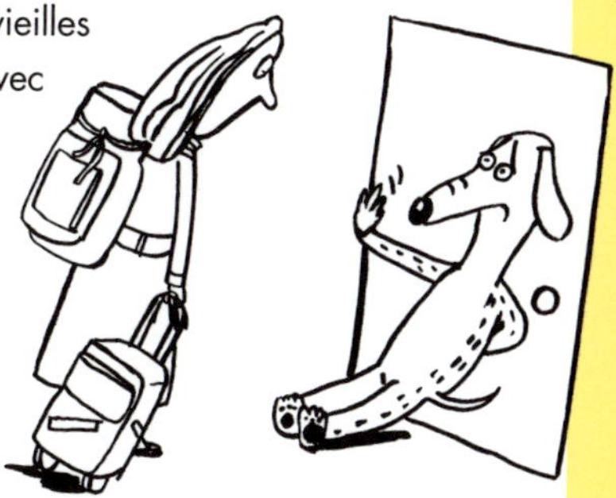

Un après-midi de chien : Toutou peut-il regarder la télé ?

Le saviez-vous ? Les chiens britanniques voient plus de choses à la télé que les chiens américains. Plus le signal télé transmet de lignes, plus le chien a de chance de voir une image nette. Avec la haute définition qui arrive, bientôt plus de chiens deviendront des accros du tube cathodique ! Ceci, bien sûr, peut avoir son intérêt parce que certaines émissions peuvent avoir un effet calmant et retenir l'attention de votre chien quand vous êtes occupé ailleurs. Vous pouvez même trouver des magnétoscopes ou des lecteurs DVD spécialement conçus pour divertir les téléspectateurs canins. On en trouve facilement sur Internet. Faites seulement attention à ce qu'il ne passe pas toute sa vie devant le petit écran et qu'il veuille regarder la télé en mangeant ! Évidemment, vous pouvez aussi éteindre cette bonne vieille boîte à images, l'emmener faire une grande balade et lui faire rapporter sa baballe !

DR DOG

CHAPITRE 6

Malade comme un chien ?

Dois-je lui présenter un amour de toutou ?

Dans ce domaine, ce n'est pas bien de distiller des pensées et des sentiments humains dans l'esprit canin. Un mâle aura toujours un désir profond de s'accoupler avec une femelle en chaleur. Cependant, quand l'odeur disparaît, l'intérêt physique disparaît également. Les chiens vivent le moment présent et ne sont pas capables d'éprouver des sentiments amoureux. Toutefois, ce sont des animaux sociables et généralement ils apprécient la compagnie d'autres chiens. Alors, oui, c'est une bonne idée de lui trouver un camarade (mâle ou femelle). Si c'est une femelle, assurez-vous d'abord qu'ils ont bien été opérés.

Comment puis-je faire pour qu'il soit plus sympa avec son docteur ?

Alors, comme ça votre chien n'aime pas aller chez le véto ? Eh bien, arrêtons-nous un instant et voyons les choses de son point de vue. Vous le traînez dans un endroit où il va rarement, vous l'obligez à attendre alors qu'il est entouré de toutes sortes d'animaux tout aussi déconcertés, nerveux… et malades.
Ensuite, on l'introduit dans une pièce où il rencontre un étranger qui l'installe sur une table. (Eh au fait…, j'ai pas le droit de monter sur la table à la maison).
Ensuite, cet étranger le tâte, enfonce toutes sortes d'instruments dans des tas d'orifices, et là il sent une aiguille qui pénètre dans la peau de son cou.
C'est une expérience effrayante et inhabituelle à vivre pour un chien. Vous devez donc faire en sorte qu'il s'habitue à ce genre d'événements pour que cela soit plus agréable. Rendez visite au vétérinaire de temps en temps, si ce n'est pour aller acheter du vermifuge ou faire peser toutou, comme ça il aura l'impression que tout ne se résume pas à « la table ». Il apprendra vite à reconnaître le personnel, ce qui rendra l'endroit moins effrayant et permettra à tout le monde de se détendre… même s'il ne sera jamais détendu face au thermomètre !

Puis-je le sortir quand il n'a pas encore eu ses premiers vaccins ?

On a tous envie de présenter notre nouveau petit chiot, mais attention : les vaccinations protègent les chiots contre toute une série de maladies graves potentiellement mortelles telles que le parvovirus, la maladie de Carré, les hépatites infectieuses et la leptospirose. Si un chiot est exposé à l'une de ces bactéries avant d'avoir eu tous ses vaccins, il risque de développer une de ces maladies. Demandez à votre vétérinaire à quel moment la vaccination est totalement efficace. C'est généralement entre le 7e et 14e jour après la dernière injection : à partir de là, tout roule.

Dois-je l'empêcher de me lécher le visage ?

Certains disent que quand un chien lèche le visage d'un être humain, c'est un acte de soumission et qu'il n'y a pas de mal à ça. On dit aussi que les chiens ont moins de germes dangereux que les humains et donc que les risques de transmission d'infections sont moins grands. À mon avis, si votre chien vous lèche accidentellement, ce n'est pas grave, mais ce n'est toutefois pas une bonne habitude à prendre, ni pour l'un, ni pour l'autre.

Les chiens sont des charognards par nature et ils gobent tout ce qu'ils trouvent quand ils se baladent. Ils sont aussi des nettoyeurs actifs de leurs parties intimes. Je n'ai jamais vu les analyses détaillées du contenu bactérien de la langue d'un chien mais ce n'est pas vraiment nécessaire : question de bon sens, il y a des choses qui sont dégoûtantes et se faire lécher le visage et la bouche par un chien en fait partie.

Dois-je changer souvent ses draps ?

Comme on dit ou presque : « Ne réveillez pas un chien qui dort », mais c'est à vous de décider du lieu et du moment. La plupart des chiens, comme les ados, aiment bien qu'on lave leurs draps en machine pas plus d'une fois par mois. Si, après lavage, les mauvaises odeurs persistent, c'est peut-être dû à une infection bactérienne ou à une mycose dans le pelage de votre chien. Vous pouvez en venir à bout en lavant votre chien deux fois par semaine avec un shampoing spécial. Allez-y, reniflez partout. Si le panier de votre chien ou sa fourrure sentent plus le renfermé que d'habitude, faites un tour chez le véto ; sinon, acceptez gaiement l'idée que vous allez laver le panier de votre chien douze fois dans l'année.

Haleine de coyote ?

Ah l'haleine de chien ! Il existe trois causes possibles d'halitose chez le chien :

1. Des dents. Vérifiez ses dents et ses gencives. Si vous voyez des couches brunes de tartre épaisses et des gencives gonflées et rouges, il est temps de l'emmener chez le vétérinaire pour un bon détartrage.
2. Une maladie de peau autour de la gueule. Elle peut affecter les plis de peau autour de la lèvre inférieure. Vous devez l'emmener chez le véto.
3. Le système digestif. Des gaz nauséabonds se dégagent pendant la digestion et ils remontent souvent dans l'haleine. Si c'est le cas, vous devriez essayer un nouveau régime alimentaire.

Assuré ou pas ?

Les chiens peuvent être maladroits et sujets à des accidents. Ils avalent des objets incongrus, ils courent après des voitures, deux de leurs activités préférées qui peuvent s'avérer dangereuses. Les conséquences en terme de soins vétérinaires peuvent parfois vous coûter les yeux de la tête. Investissez dans une assurance canine et vous serez tranquille si votre chien a un accident ou s'il tombe malade ; les décisions que vous prendrez alors ne seront basées que sur le bien-être de votre toutou plutôt que sur des considérations financières qui impliquent ou non la prise en charge du problème de santé. Il existe des tas de formules et vous devez lire tout le contrat avant de signer.

Que faire s'il refuse de prendre ses médicaments ?

Dans le monde animal comme dans celui des humains, certains médicaments ont un goût atroce ! On n'y peut rien. Heureusement, certains produits peuvent être appliqués directement sur la peau entre les omoplates, mais il ne faut pas se leurrer : un jour ou l'autre, vous devrez lui faire avaler la pilule. C'est pour cela que l'on a inventé les hot dogs ! La prochaine fois que vous devrez administrer un cachet à votre chien, coupez une saucisse en petits morceaux et cachez le médicament à l'intérieur d'un des morceaux. Félicitez votre chien et donnez-lui deux ou trois morceaux à la suite, assez rapidement. Donnez-lui ensuite celui avec le cachet en lui montrant que vous êtes prêt à lui offrir le morceau suivant. Il y a de grandes chances qu'il l'avale sans se rendre compte du subterfuge.

Mon chien me pardonnera-t-il un jour de l'avoir fait opérer ?

Les chiens peuvent survivre sans avoir été castrés, mais en ce qui concerne le chien domestique de base, il est préférable de le faire opérer. La castration rend la vie plus facile pour le chien, il sera plus agréable et en meilleure santé.

On peut prévenir le cancer mammaire, cancer le plus fréquent chez les chiennes, si l'opération a lieu avant ses premières chaleurs, et un grand nombre de maladies touchent les mâles, telles que les problèmes de prostate et les hernies, que l'on ne trouve pratiquement jamais chez les chiens castrés.
Ils ne pourront pas vous remercier pour ce genre de décisions préventives mais, c'est un fait que le sentiment de faute, la colère, le pardon n'existent pas dans le discours canin. En résumé, ils ne comprennent pas qu'ils viennent d'être opérés.

Abordez le sujet plus profondément avec votre vétérinaire, mais cela ne sert à rien d'imaginer que votre chien pense comme un être humain.

Biographie de l'auteur

Peter Wedderburn est vétérinaire dans une clinique pour animaux de compagnie qui ne traite que les animaux domestiques. Il rédige une chronique hebdomadaire pour le *Daily Telegraph* et pour le *Evening Irish Herald*. On le voit régulièrement à la télé dans son émission « Pete, le véto » sur la chaîne irlandaise TV3. Il vit dans le comté de Wicklow en Irlande avec son épouse, leurs deux filles et une ménagerie composée d'animaux et d'oiseaux.